REPONSE
DE MONSIEUR
DE VOLTAIRE,
AU SIEUR FEZ,
LIBRAIRE D'AVIGNON,

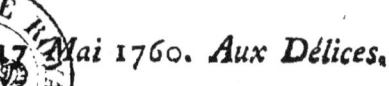

Du 17 Mai 1760. *Aux Délices.*

RÉPONSE

DE MONSIEUR

DE VOLTAIRE,

AU SIEUR FEZ,

LIBRAIRE D'AVIGNON,

Du 17 Mai 1762. Aux Délices.

Vous me propofez par votre Lettre datée d'Avignon, du 30 Avril, de me vendre pour mille écus l'édition entiere *d'un Recueil de mes erreurs fur les faits hiftoriques & dogmatiques*, que vous avez, dites-vous, imprimé en terres Papales. Je fuis obligé en confcience de vous avertir qu'en faifant en dernier lieu une nouvelle édition de mes Ouvrages, j'ai découvert dans la précédente pour plus de deux mille écus d'erreurs. Et comme en qualité d'Auteur je me fuis probablement trompé de moitié à mon avantage, en voilà au moins pour douze mille livres. Il eft donc clair que je vous ferais tort de neuf mille francs, si j'acceptais votre marché.

De plus voyez ce que vous gagnerez au débit du dogmatique, c'est une chose qui intéresse particulierement toutes les Puissances qui sont en guerre, depuis la Mer Baltique jusqu'à Gibraltar. Ainsi je ne suis pas étonné que vous me mandiez *que l'Ouvrage est désiré universellement.*

M. le Général de Laudhon & toute l'Armée Impériale ne manqueront pas d'en prendre au moins 30000 exemplaires, que vous vendez, dites-vous, 2 livres piece, cy. . . . . . 60000 liv.

Le Roi de Prusse qui aime passionnément le dogmatique, & qui en est occupé plus que jamais, en fera débiter à peu près la même quantité, cy. 60000

Vous devez aussi compter beaucoup sur Monseigneur le Prince Ferdinand; car j'ai toujours remarqué quand j'avais l'honneur de lui faire ma cour, qu'il était enchanté qu'on relevât mes erreurs dogmatiques, ainsi vous pourrez lui en envoyer 20000 exemplaires, cy. 40000

Ci-contre, ...   160000 liv.

A l'égard de l'Armée Française, où l'on parle encore plus Français que dans les Armées Autrichiennes & Prussiennes, vous y en enverrez au moins 100000 exemplaires, qui à 40 sols pièce, font.   .   200000

Vous avez sans doute écrit à M. l'Amiral Anson, qui vous procurera en Angleterre, & dans les Colonies, le débit de 100000 de vos Recueils, cy.   200000

Quant aux Moines & aux Théologiens, que le dogmatique regarde plus particulierement, vous ne pouvez en débiter auprès d'eux moins de 300000 dans toute l'Europe, ce qui forme tout d'un coup un objet de   600000

Joignez à cette Liste environ cent mille Amateurs du dogmatique parmi les Séculiers, posé   .   200000

Somme totale.   .   .   .   .   1360000 liv.

Sur quoi il y aura peut-être quelques frais, mais le produit net sera au moins d'un million pour vous.

Je ne puis donc affez admirer votre défintéreffement, de me facrifier de fi grands intêrets pour la fomme de 3000 livres une fois payée.

Ce qui pourrait m'empêcher d'accepter votre propofition, ce ferait la crainte de déplaire à M. l'Inquifiteur de la Foi, ou pour la Foi qui a fans doute approuvé votre édition. Son approbation une fois donnée, ne doit point être vaine ; il faut que les Fidéles en jouiffent, & je craindrais d'être excommunié fi je fupprimais une édition fi utile, approuvée par un Jacobin, & imprimée à Avignon.

A l'égard de votre Auteur anonyme, qui a confacré fes veilles à cet important Ouvrage, j'admire fa modeftie, je vous prie de lui faire mes tendres complimens, auffi bien qu'à votre Marchand d'encre.

LETTRE

DE MONSIEUR

FORMEY,

QUI peut servir de modele aux Lettres à insérer dans les Journaux.

Tout le monde est instruit à Paris, à Londres, en Italie, en Allemagne, de ma querelle avec l'illustre M. Boullier. On ne s'entretient dans toute l'Europe que de cette dispute. Je croirais manquer au Public, *à la vérité*, à ma profession, & à moi-même (*comme on dit*) si je restais muet *vis-à-vis* M. Boullier. J'ai pris des engagemens *vis-à-vis* le *Public*, il faut les remplir. L'Univers a lû *mes Pensées raisonnables*, que je donnai en 1759 au mois de Juin. Je ne sçais si je dois les préférer à la Lettre que je *lâchai* sous le nom de M. Gervaise Holmes en 1750. Tout Paris, *vis-à-vis* les Pensées raisonnables, est pour la Lettre de M. Gervaise Holmes, & tout Londres est pour les Pensées. Je peux dire *vis-à-vis* de Londres & de Paris, qu'il y a quelque chose de plus profond dans les Pensées, & je ne sçais quoi de plus brillant dans la Lettre.

Le Journal de Trevoux du mois de Juin 1751, & l'Avant-Coureur du 5 Juillet, sont de mon avis. Il est vrai que le Journal Chrétien se déclare absolument contre les Pensées raisonnables. Je vais reprendre cette matiere, puisque je l'ai déjà discutée au long dans le Mercure de Février 1753, page 55 & suivantes, comme *tout le monde le sçait.*

Quelques personnes de considération, pour qui j'aurai toute ma vie une déférence entiere, m'ont conseillé de ne point répondre à M. Boullier directement, attendu qu'il est mort il y a deux ans. Mais avec tout le respect que je dois à ces Messieurs, je leur dirai que je ne puis être de leur avis, par des raisons tirées du fond des choses, que j'ai expliquées ailleurs.

Et pour le prouver, je rappellerai en peu de mots ce que j'ai dit dans le 295e tome de ma *Bibliotheque impartiale*, page 77, rapporté très-infidélement dans le Journal Littéraire, année 1759. Il s'agit, comme on sçait, des compossibles & des idées contraires, qui ne répugnent point l'une à l'autre. J'avoue que le Révérend Pere Hayet a traité cette matiere dans son dix-septiéme tome, avec sa sagacité ordinaire, mais tous ceux qui ont lû les 101, 102 & 103ᵉ tomes de ma Bibliothéque Germanique, ont de quoi confondre le Pere Hayet : ils verront aifément la différence entre les compoffibles, les poffibles fimples, les non poffibles & les impoffibles ; il ferait aifé de s'y méprendre, fi on n'avait pas étudié à fond cette matiere dans les articles fept, neuf & onze de ma Differtation de 1760, qui a eu un fi prodigieux fuccès.

Feu M. de Cahufac me manda quelque tems avant qu'il fût attaqué dans la pie mere, qu'il avait entendu dire à M. l'Abbé * * *, que lui * * * tenait de M. de la Motte, que non-feulement Madame de Lambert avait un Mardi, mais qu'elle avait auffi un Mercredi, & que c'était dans une des affemblées du Mercredi qu'on avait agité la queftion fi M. Nedham fait des anguilles avec de la farine, comme l'affure pofitivement M. de Maupertuis. Ce fait eft lié néceffairement au fyftême des compoffibles.

Je ne répondrai pas ici aux injures groffieres qu'on a vomies publiquement contre moi à Paris, dans la derniere Affemblée du Clergé. Le

Député de la Province de Champagne dit à l'oreille du Député de la Province de Languedoc, que l'ennui & mes Ouvrages étaient au rang des compoſſibles. Cette horreur a été répétée dans vingt-ſept Journaux. J'ai déjà répondu à cette calomnie abominable dans ma Bibliotheque Germanique d'une maniere victorieuſe.

Je diſtingue trois ſortes d'ennuis. 1°. L'ennui du caractere du Lecteur, qu'on ne peut ni amuſer ni perſuader. 2°. L'ennui qui vient du caractere de l'Auteur, & cela ſe ſubdiviſe en quarante-huit ſortes. 3°. L'ennui provenant de l'Ouvrage, cet ennui vient de la matiere ou de la forme; c'eſt pourquoi je reviens à M. Boullier, mon adverſaire, que j'eſtimerai toujours par la conformité qu'il avait avec moi. Il fit en 1730 ſon Ame des Bêtes. Un mauvais Plaiſant dit à ce ſujet que M. Boullier était un excellent Citoyen, mais qu'il n'était pas aſſez inſtruit de l'hiſtoire de ſon pays. Cette plaiſanterie eſt déplacée, comme cela eſt prouvé dans le Journal Helvétique, Octobre 1739. Enſuite il donna ſes admirables Penſées, ſur les Penſées qu'un homme avait données à propos des Penſées d'un autre.

On ſçait quel bruit cet Ouvrage fit dans le monde. Ce fut à cette occaſion que je conçus le premier deſſein de mes *Penſées raiſonnables*. J'apprends qu'un Sçavant de Wittemberg a écrit contre mon titre, & qu'il y trouve une double erreur. J'en ai écrit à M. Pitt en Angleterre, & à Mylord Holderneſſe; je ſuis étonné qu'ils ne m'ayent point fait de réponſe. Je perſiſte dans le deſſein de faire l'Encyclopédie tout ſeul ; ſi M. Cahuſac n'était pas mort, nous aurions été deux.

J'oubliais un article aſſez important. C'eſt la fameuſe réponſe de M. Pfaf, Recteur de l'Univerſité de Wittemberg, au R. P. C.... Recteur des Révérends Peres Jéſuites de Colmar. On en fait coup ſur coup trois éditions, & tous les Sçavans ont été partagés.

J'ai pleinement éclairci cette matiere, & j'ai même quatre volumes ſous preſſe, dans leſquels j'examine ce qui m'avait échappé. Ils couteront 3 livres le tome ; c'eſt marché donné.

Il y a long-tems que je n'ai eu de nouvelles du célébre Profeſſeur Vernet, connu dans tout l'Univers par ſon zele pour les manuſcrits. Son Catéchiſme Chrétien, ainſi que mon Philoſophe Chrétien, & le Journal Chrétien, ſont les trois meilleurs Ouvrages dont l'Europe puiſſe ſe vanter, depuis les Bigarrures du ſieur des Accords.

Mais jusqu'à présent personne n'a assez approfondi le sens du fameux passage qu'on trouve dans la vie de Pythagore, par le Pere Gretzer, dans son vingt-unieme volume *in-folio*. Il s'est totalement trompé sur ce Chapitre, comme je le prouve.

Je reçois en ce moment par le chariot de poste les dix-huit tomes de la Théologie de mon illustre ami M. Onekre. J'en rendrai compte dans mon prochain Journal. Il y a des Souscripteurs qui me doivent plus de six mois, je les prie de me lire & de me payer.

FIN.

www.ingramcontent.com/pod-product-compliance
Lightning Source LLC
Chambersburg PA
CBHW071436060426
42450CB00009BA/2199